Camiones de bomberos

Julie Murray

Abdo
MI COMUNIDAD: VEHÍCULOS
Kids

abdopublishing.com

Published by Abdo Kids, a division of ABDO, PO Box 398166, Minneapolis, Minnesota 55439.

Printed in the United States of America, North Mankato, Minnesota.

102016

012017

THIS BOOK CONTAINS RECYCLED MATERIALS

Spanish Translator: Maria Puchol

Photo Credits: iStock, Shutterstock

Production Contributors: Teddy Borth, Jennie Forsberg, Grace Hansen

Design Contributors: Candice Keimig, Dorothy Toth

Publisher's Cataloging-in-Publication Data

Names: Murray, Julie, author.

Title: Camiones de bomberos / by Julie Murray.

Other titles: Fire trucks. Spanish

Description: Minneapolis, MN : Abdo Kids, 2017. | Series: Mi comunidad: vehículos | Includes bibliographical references and index.

Identifiers: LCCN 2016947554 | ISBN 9781624026447 (lib. bdg.) | ISBN 9781624028687 (ebook)

Subjects: LCSH: Fire engines--Juvenile literature. | Spanish language materials--Juvenile literature.

Classification: DDC 629.225--dc23

LC record available at http://lccn.loc.gov/2016947554

Contenido

Camión de bomberos

Dan ve un camión grande. Es rojo. ¡Es un camión de bomberos!

WOODLANDS
TRUCK 104
104 TRUCK
403
THE WOODLANDS
FIRE DEPT.

La sirena suena fuerte.

Las luces parpadean.

CHICAGO
FIRE DEPT.
FDE332
1

Va a apagar un incendio.

04-1450
BRANDWEER

Los bomberos conducen desde la **cabina**.

El camión tiene escaleras. Un bombero sube muy alto.

El camión tiene mangueras.

El bombero las usa para

apagar el fuego.

KEARNY
FIRE DEPT.
ENGINE NO. 3
EMS
www.kearnyusa.com

Los bomberos están en el **elevador**. Apagan el fuego desde ahí.

ER LADDER

El camión de bomberos está

en la estación de bomberos.

¡Está listo para otro incendio!

E
3

¿Has visto alguna vez un camión de bomberos?

Partes de un camión de bomberos

cabina

luces

escalera

manguera

Glosario

cabina
donde se sienta el conductor del camión de bomberos.

elevador
caja conectada al final de algunas escaleras. Sostiene a los bomberos y los mantiene a salvo.

Índice

abdokids.com

¡Usa este código para entrar en abdokids.com y tener acceso a juegos, arte, videos y mucho más!